# O QUE É PRECISO SABER SOBRE A
# **RENOVAÇÃO CARISMÁTICA**

DOM ANTÔNIO AFONSO DE MIRANDA, SDN
Bispo Emérito de Taubaté

# O QUE É PRECISO SABER SOBRE A
# RENOVAÇÃO CARISMÁTICA

EDITORA
SANTUÁRIO

DIREÇÃO EDITORIAL: Pe. Fábio Evaristo Resende Silva, C.Ss.R.
COORDENAÇÃO EDITORIAL: Ana Lúcia de Castro Leite
REVISÃO: Manuela Ruybal
DIAGRAMAÇÃO: Junior dos Santos
CAPA: Mauricio Pereira

ISBN 85-7200-990-6

14ª impressão

Todos os direitos reservados à **EDITORA SANTUÁRIO** – 2016

Composição, CTcP, impressão e acabamento:
**EDITORA SANTUÁRIO** - Rua Padre Claro Monteiro, 342
12570-000 - Aparecida-SP - Fone: (12) 3104-2000

# PREFÁCIO

Caro Dom Antônio Miranda,

Na alegria das primeiras vésperas da festa da Eucaristia, levo-lhe meu abraço e uma sugestão: seus ótimos artigos sobre Renovação Carismática, publicados no "O Lutador", várias semanas, precisam ser coletados em um pequeno livro.

Artigo a gente perde. Artigo se joga fora. Livro, não: guarda-se.

Por favor, publique o livro, Dom Antônio. Se fosse eu seu superior religioso, daria ordem "em nome da santa obediência"... Só posso sugerir.

Com amizade de seu pobre

† *Benedito Ulhoa Vieira*
Arcebispo de Uberaba

*Uberaba, 17 de Junho de 1992*

# CATÓLICOS CARISMÁTICOS... CERTO OU ERRADO?

É fato notório o crescimento dos grupos chamados "Oração Carismática" ou "Renovação Carismática" dentro da Igreja Católica.

E, frequentemente, bispos e padres somos interpelados sobre a "aprovação ou não" que a Igreja dá a esse movimento. Principalmente, devido a certa exaltação psicológica que se nota em muitos grupos.

Está certo ou errado? A Igreja aprova, ou não, o modo de orar dos carismáticos? São verdadeiros os dons de "orar em línguas" e "fazer curas", que entre os carismáticos se apregoam? Esses grupos não estão aderindo aos modos de orar da Igreja crente Pentecostal?

Eis as perguntas formuladas e às quais buscarei dar, com discernimento, a resposta de um pastor, que, desde anos, se defronta com os problemas e busca estudá-los.

Vê-se também que, no Brasil, como na América Latina, em grande parte, e mesmo no mundo todo, esses grupos exercem poderosa influência por meio de boletins e revistas e até de programas de TV. E, sobretudo, há grande aceitação desse movimento entre jovens e nos meios populares.

A "Oração Carismática" ou "Renovação Carismática" toma, assim, aspecto de uma força "pastoral" que seria lastimável sacerdotes e agentes de nossa pastoral menosprezarem.

Para clarear o tema, vamos por partes.

## Denominação e distinção

São variadas as denominações, ou nomes, que o fenômeno dito carismático tem recebido: Renovação Carismática Católica, Experiência do Espírito Santo, Oração Carismática, Renovação Espiritual Católica Carismática e outras similares.

Uma distinção fundamental deve ser apontada: há uma Renovação Carismática dentro da Igreja Católica e há uma Renovação Carismática Pentecostal.

Não se pode confundir o que os Pentecostais "crentes" praticam, e como o praticam, e o esforço da Renovação, que à luz da Teologia do Espírito Santo, desde o Concílio Vaticano II, vem tomando vulto na Igreja Católica.

É, certamente, a confusão entre os dois fenômenos que suscita polêmicas e gera ansiedades nos meios católicos. Parece-me que alguns "grupos de oração" da Igreja Católica se deixaram ou se deixam influenciar pelo Pentecostalismo, entregando-se a exageros e desvios, inclusive doutrinários. Por outra parte, crentes pentecostalistas, sem que aceitem a profissão de fé católica, imiscuíram-se ou foram aceitos em grupos de Oração do Espírito Santo na Igreja Católica e trouxeram para seu meio interpretações bíblicas não condizentes com o ensino da Igreja Católica.

## Exaltação frenética e os erros doutrinários

Não acompanhados devidamente por sacerdotes e dirigentes de pastoral, certos grupos de Oração Carismática Católica tomaram rumos que os fizeram incompreendidos e mesmo condenados nos meios católicos. Passaram da oração e meditação da Palavra de Deus, influenciados por Pentecostais, primeiro à euforia de louvores, "aleluia" e "viva Jesus", e depois ao combate ao culto da Virgem Maria e dos Santos e, enfim, à concepção de uma Igreja Carismática teologicamente diluída, sem a aceitação do Magistério.

Surgiu, entre esses "carismáticos", a ideia errônea de que "batizados de novo pelo Espírito Santo" eram uma classe privilegiada, especial, de cristãos e portadores de carismas únicos – dons de línguas e de curas – impulsionados pelo Espírito Santo, que os tornou a *verdadeira Igreja,* em que o único Mestre é o Espírito Santo, a movê-los interiormente.

É claro que, onde se chegou a essa aberração, despontaram o cisma e a heresia.

## Renovação Carismática dentro da Igreja Católica

A Igreja de Cristo é, por natureza, carismática. Isto é, possui dons ou carismas do Espírito Santo. Existe e caminha na história sob a ação do Espírito Santo. Não fosse assim, não resplandeceriam nos cristãos batizados de todos os tempos estes carismas insofismáveis: oração intensa, caridade operante, zelo apostólico, contemplação mística e, em alguns santos, dons e milagres, de cura e de profecia. Sobretudo, a Igreja teve sempre consigo os carismas essenciais do sacerdócio, da vida consagrada, do Magistério pontificial e episcopal, a par da atividade exuberante de teólogos e doutores e da multiforme atuação dos leigos.

Essa Igreja, que possui os mais elevados carismas, ou dons do Espírito, é, portanto, *carismática*. Já o Concílio Ecumênico Vaticano II assim ensinou.

Na *Lumem Gentium:* "Um só é o Espírito que, para utilidade da Igreja, distribui seus vários dons segundo suas riquezas e as necessidades dos mistérios *(cf. 1Cor 12,1-11)*. Entre esses dons avulta a graça dos Apóstolos a cuja autoridade o próprio Espírito Santo submete até os carismáticos (cf. 1Cor 14)"[1].

Em *Apostolicam Actuositatem,* o Concílio afirma que o Espírito dá aos próprios leigos carismas para o apostolado. "Para exercerem tal apostolado, o Espírito Santo – que opera a santificação do povo de Deus através do ministério e dos sacramentos – confere ainda dons peculiares aos fiéis (cf. 1Cor 12,7), 'distribuindo-os a todos, um por um, conforme quer' (1Cor 12,11), de maneira que 'cada qual, segundo a graça que recebeu, também a ponha a serviço de outrem' e sejam eles próprios 'como bons dispensadores da graça multiforme de Deus' (1Pd 4,10) para a edificação de todo o corpo na caridade (cf. Ef 4,16). Da aceitação desses carismas, mesmo dos mais simples, nasce em favor de cada um dos fiéis o direito e o dever de exercê-los para o bem dos homens e a edificação da Igreja, dentro da Igreja e do mundo, na liberdade do Espírito Santo, que 'sopra onde quer' (Jo 3,8). Ao mesmo tempo, na comunhão dos irmãos em Cristo, sobretudo com seus pastores, a quem cabe julgar a autenticidade e uso dos

---

[1] Cf. *Lumen Gentium*, n. 7.

carismas dentro da Ordem, não por certo para extinguirem o Espírito, mas para provarem tudo e reterem o que é bom (cf. 1Ts 5,12.19.21)[2]."

## Concluindo

Assim, é evidente que a Oração Carismática ou Renovação Espiritual Carismática não é, em si mesma, um desvio na Igreja Católica. Pode e deve ser aceita dentro de uma linha pastoral bem orientada.

O Documento de Puebla assim se expressou: "Os carismas nunca estiveram ausentes da Igreja. Paulo VI expressou sua complacência para com a Renovação espiritual que aparece nos meios e lugares mais diversos e que leva à oração de alegria, à união íntima com Deus, à fidelidade ao Senhor e a uma profunda comunhão de almas. Do mesmo modo procederam várias Conferências Episcopais. Contudo, esta Renovação exige dos pastores bom senso, orientação e discernimento, para que se evitem exageros e desvios perigosos"[3].

---

[2] Cf. *Apostolicam Actuositatem*, n. 3.
[3] Cf. *Puebla*, n. 207.

# OS FRUTOS DA RENOVAÇÃO CARISMÁTICA

É talvez proveitoso descer a alguns pormenores quanto ao tema que nos propusemos a abordar, sempre com uma visão "pastoral".

Não se pode deixar de ter olhos postos na realidade de um fato que se passa hoje na Igreja. Fora dessa realidade, a pastoral corre o risco de alienar-se.

Esse fato é, no caso presente, a imensa difusão dos "grupos carismáticos", ou "grupos de oração", que nascem, florescem e aumentam por toda parte, com acompanhamento dos padres ou sem esse acompanhamento, sob orientação frágil ou mesmo errônea de líderes leigos.

Não basta apelar simplesmente para a urgência de uma pastoral social e para a importância de organizar o povo em CEBs (Comunidade Eclesiais de Base). À margem de todo empenho dos padres, o fenômeno dito "carismático" é um fato nos meios católicos e exerce enorme atrativo.

Quero, por isso, apontar o fenômeno com seus *frutos*, *excelentes* em seu fundo, mas às vezes deteriorados pela falta de assistência.

Vejo aspectos muito bons na Renovação Carismática Católica. E vejo também nela enganos e desvios, que levaram e levam a aversão às seitas.

## Os bons frutos da Renovação Carismática

1º – O primeiro de todos os frutos é, inegavelmente, a consciência que se desperta a respeito da presença e ação do Espírito Santo na Igreja e no coração de cada fiel.

Vai aqui uma intuitiva catequese do imenso conteúdo doutrinal. Ter consciência – e saborear esta presença e ação do Espírito – é fundamental na Igreja. A profundeza do mistério eclesial está aqui. Quando se acredita e de algum modo se sente que o Espírito Santo age, impulsiona, invisivelmente, uma nova vida, a Igreja nasce de fato em nós.

E, nesse sentido, creio que se pode falar do "batismo do Espírito Santo", ou do "batismo no Espírito Santo", expressão muito em uso nos meios carismáticos. Sem dúvida, todo cristão foi "batizado no Espírito Santo", desde o batismo na infância. Mas poucos cristãos tomam consciência da "vida nova" que o batismo lhes trouxe. Os encontros de Renovação Carismática têm logrado despertar esta consciência, constituindo-se como que verdadeiro "batismo no Espírito" para os conscientizados.

Fora dessa interpretação, o "batismo no Espírito Santo", de que falam, representa uma ambiguidade e mesmo um erro doutrinário.

2º – Consequentemente a essa consciência, é suscitado nos participantes o gosto pela oração *no e pelo* Espírito Santo.

E deve-se acrescentar que a oração, nos grupos carismáticos, aparece com dimensões anteriormente não comuns entre os católicos: é uma oração de *louvor*, não simplesmente *de pedidos;* é oração *espontânea*, não *com fórmulas escritas;* é oração a um tempo *pessoal* e *comunitária*; é, enfim, uma oração *de alegria,* feliz, que *se prolonga* por horas, e não afasta, antes atrai, grande número de pessoas.

São João Paulo II, em *Dominum et Vivificantem,* já observa: "Nestes últimos anos vai crescendo também o número das pessoas que, em movimentos e grupos cada vez mais desenvolvidos, põem a oração em primeiro lugar e nela procuram a *renovação da vida espiritual*" (n. 65).

Esta observação do Papa é significativa, sobretudo depois de ele haver doutrinado linhas acima: "O Espírito Santo é o dom que vem ao coração do homem *ao mesmo tempo que a oração.* Na oração ele manifesta-se, antes de mais e acima de tudo, como o Dom, que vem em auxílio de nossa fraqueza" (n. 65).

Todas as expressões do Papa, embora não mencionem os "encontros carismáticos" parecem referir-se especialmente a eles.

3º – *O amor pela palavra de Deus escrita na Bíblia.* É fácil notar que os grupos carismáticos suscitam a veneração pela Bíblia. Neles, os fiéis passam a lê-la com frequência e mesmo a saboreá-la. E fazem isto porque ouvem nos grupos que a Palavra de Deus escrita foi inspirada pelo Espírito Santo.

Se o que está acontecendo procede de alguma influência da Igreja Pentecostal, isto em nada desmerece o Movimento Carismático Católico em si mesmo. Pois o Concílio Vaticano II exortou "a todos os fiéis cristãos..., com veemência e de modo peculiar, a que, pela frequente leitura das divinas Escrituras, aprendam a 'eminente ciência de Jesus Cristo' (Fl 3,8)" e lembrou-lhes que esta leitura "deve ser acompanhada pela oração, a fim de que se estabeleça o colóquio entre Deus e o homem, pois 'a Ele falamos quando rezamos; a Ele ouvimos quando lemos os divinos oráculos' (Santo Ambrósio)"[1].

4º – *As conversões efetivas que na Renovação Carismática se têm dado*. São muitas as pessoas que ali encontram o caminho para Cristo, deixam o pecado e se esforçam por uma vida santa. Paulo VI apontava como consequência dessas conversões "uma ampla abnegação fraterna".

5º – Não há como negar ainda que entre pessoas mais conscientizadas, dentro da Renovação, existe grande disponibilidade para o apostolado. A catequese e, especificamente, a pastoral dos enfermos e a pastoral carcerária têm encontrado, entre essas pessoas, agentes muito dedicados.

6º – Enfim, quero anotar que não poucas vocações ao sacerdócio e à vida religiosa têm surgido nos grupos de oração. E é importante observar que são os encontros carismáticos que têm conseguido a maior perseverança de jovens efetivamente dedicados à Igreja e frequentes à vida sacramental. Nossa Pastoral de Juventude, cujos méritos, entretanto, não se podem desconhecer, tem trazido minguados frutos de continuidade nas práticas religiosas e apostólicas.

Talvez ainda se possam alinhar outros frutos benéficos da Renovação Carismática Católica. Mas prefiro ater-me a esses, que me parecem os mais acentuados.

Não se creia, porém, que esses pontos positivos são tão avantajados que possam fechar nossos olhos aos aspectos falhos e mesmo negativos, para que não os apontemos. Mesmo de permeio com os próprios pontos positivos se registram deslizes, aos quais o acompanhamento pastoral precisa estar atento.

---

[1] Cf. *Dei Verbum*, n. 25.

## Alguns desvios e equívocos

Os desvios e equívocos no movimento carismático são explicáveis e naturais. Resultam do fato de que o Espírito Santo não age senão por meio do psiquismo humano e não se altera substancialmente. A graça sobrenatural não efetua nenhuma ruptura na natureza.

Por isso, com razão observou Ratzinger, na obra publicada em castelhano com o nome de *Informe sobre la fé:* "Da mesma forma que em toda realidade humana, também a Renovação Carismática fica exposta a equívocos, a mal-entendidos e exageros. Mas o perigo estaria em ver apenas os perigos e não o dom que nos é oferecido pelo Espírito Santo"[2].

Quais são esses equívocos, exageros e desvios?

Cabe apontar alguns, explicáveis e naturais.

1º – O primeiro de todos os desvios está, com certeza, em acreditarem alguns participantes, inconscientemente, que, movidos pelo Espírito Santo, cuja presença e atuação começam a sentir, têm todo o *conhecimento necessário e aprofundado da fé*. Às vezes, alguns se presumem as únicas pessoas que receberam o Espírito Santo e constituem assim como um grupo elitista na Igreja.

Por isso, não poucos dispensam o estudo da doutrina; outros creem que encontram todo o conhecimento nos textos sagrados; e não poucos se sentem, com euforia, capazes de falar amplamente sobre teologia.

O chamado "dom de profecia" é então exercido com desvios doutrinários que podem ser funestos à comunidade.

---
[2] Cit. em *A Renovação Espiritual Católica Carismática*. Ed. Loyola, n. 82, p. 31.

Já São João Paulo II, em *Catechesi Tradendae*, falando de vários grupos de jovens, entre os quais nomeia "grupos de oração", como lugares importantes de catequese, advertia aos seus dirigentes: "Não permitais nunca, custe o que custar, que a estes grupos... falte um estudo sério da doutrina cristã. Sem isso, eles correriam o risco – e tal perigo, infelizmente, tem-se verificado muitas vezes – de decepcionar a própria Igreja"[3].

2º – É, sem dúvida, do desvio fundamental, apontado acima, que surgiram as mais graves consequências, enunciadas por bispos latino-americanos, reunidos em La Ceja (Colômbia), em setembro de 1987: "Concentrar-se unicamente em determinados carismas, não valorizar devidamente a riqueza sacramental, interpelar as Sagradas Escrituras com um critério fundamentalista que, em algumas ocasiões, desconhece a devida interpelação dada pelo Magistério Hierárquico, menosprezar a verdadeira devoção mariana e aceitar critérios e afirmações protestantes equivocados"[4].

Esses desvios não são de todos os grupos carismáticos igualmente. Mas entre nós foram observados, aqui e acolá, alguns deles.

3º – O critério fundamentalista na interpretação da Escritura é mais ou menos generalizado. E dele se originam os mais graves desvios. É dele, por exemplo, que se partiu para a valorização e crença da atualidade frequente dos carismas de exorcismo, de curas e de dom de línguas, com fundamento no texto de Mc 16,17: "Os sinais que acompanharão aqueles que acreditarem são estes: expulsarão demônios em meu

---
[3] Cf. *Catechesi Tradendae*, n. 47.
[4] Cit. em *A Renovação Espiritual Católica Carismática*. Ed. Loyola, n. 88, p. 33.

nome, falarão novas línguas; se pegarem cobras ou beberem algum veneno, não sofrerão nenhum mal; quando colocarem as mãos sobre doentes, esses ficarão curados".

O texto não deve ser interpretado como fundamento para uma generalização de prodígios. Ele contém somente a promessa feita aos primeiros evangelizadores nos meios pagãos, em ordem a revelar a divindade de Jesus Cristo.

No correr da história da evangelização, através dos séculos, esses milagres não se realizaram senão *esporadicamente*.

Além disso, o final dos evangelhos de Mateus e Lucas não encerra tal promessa, o que faz não poucos exegetas suporem ser esse versículo em Marcos acréscimo dos primeiros cristãos.

4º – Desvio não raro nos encontros carismáticos é a aceitação, em seu meio, de crentes pentecostais e de pessoas de psiquismo mórbido. Estas últimas, arrastadas por emoções súbitas, afiguram-se como possuídas de espíritos malignos, ou como agraciadas pelo dom de línguas por seu modo confuso de falar. Os pentecostais influem na falsa interpretação de textos e na recusa ao Magistério Eclesiástico, ou frequentemente arrastam católicos à separação da Igreja, ou ao entendimento falso do ecumenismo.

5º – Apresentamos, finalmente, o desvio que a Província Eclesiástica de Aparecida já denunciou: "Muitas pessoas buscam na Renovação Carismática uma experiência *exagerada* de Deus e de seus dons. Há os que se angustiam e desesperam por não *conseguirem* os carismas que almejam com sofreguidão. Sentem-se inferiorizados diante da ausência dos *sinais* que aguardam, diante do silêncio de Deus... Convém saber que os dons de Deus, os carismas se destinam, antes de tudo, *ao bem comum da comunidade*, e Ele o distribui quando, como, onde e a quem quiser. Ninguém presuma obter os dons de Deus em proveito próprio e 'como se fossem uma conquista' [5]. Esse ponto deve ficar bem esclarecido"[6].

## Concluindo

Quero reafirmar o que disse de início: "Vejo aspectos muito bons na Renovação Carismática Católica. Os frutos são excelentes em seu fundo, mas às vezes deteriorados pela falta de assistência".

A Pastoral de nossas Igrejas precisa acompanhar, com carinho e interesse, os grupos de oração. Eles sentem muito distanciados os sacerdotes que não simpatizam com aquele modo tão próprio de rezar.

Ora, os erros não se corrigem com o abandono dos que erram. Nem é possível conhecer o que existe de certo num grupo carismático, quando o padre não partilha com esse grupo a alegria e os anseios dele.

Encerro com esta frase de São João Paulo II: "O sopro da vida divina, o Espírito Santo, exprime-se e *faz-se ouvir*, da forma mais simples e comum, na *oração*. É belo e salutar pensar que, onde quer que no mundo se reze, aí está presente o Espírito Santo, sopro vital da oração"[7].

---

[5] Cf. *Mensagem de Paulo VI por ocasião do III Congresso Internacional da Renovação Carismática Católica,* em 19-5-1975.
[6] *Renovação Carismática* – Orientações e Normas pastorais dos Bispos da Província Eclesiástica de Aparecida, p. 7-8.
[7] Cf. *Dominum et Vivificantem*, n. 65.

# AS DUAS FACES DA RENOVAÇÃO CARISMÁTICA

Após as considerações anteriormente feitas, gostaria de tornar mais explícito meu pensamento. Eu diria que há como que duas "faces" da Renovação Carismática, que se podem observar:

1ª – De início, grupos que se dão à oração e tomam consciência do Espírito Santo "experimentam" algo novo dentro de si: uma alegria interior, um estímulo apostólico, algo inebriante por orarem em comum, a percepção mais profunda de textos bíblicos aos quais antes não davam importância; enfim, um transbordamento que se exprime em gestos e cânticos, em palavras como que descontroladas.

É a primeira "face" do movimento carismático resultante, sim, da ação do Espírito, mas em que as emoções psíquicas podem tomar um vulto talvez doentio.

2ª – Grupos bem orientados e prevenidos por uma catequese sobre o Espírito Santo, e sua presença na Igreja, entregam-se a seu estímulo na oração, sob a inspiração da fé, desejosos de uma mudança interior e dispostos ao serviço da Igreja. Recebem, então, uma "experiência interior e exterior" da ação do Espírito, reconhecem a necessidade de mudança em suas vidas e de colocarem-se a serviço da comunidade.

Dessas disposições nascem a alegria espiritual e um como gozo, que tornam espontânea a oração e a dedicação ao próximo. Mas os impulsos emotivos são facilmente controlados à luz do bom senso.

Essa é a segunda "face" da Renovação Carismática, procedente do Espírito Santo e em que o procedimento humano, amadurecido, supera as manifestações doentias.

## O razoável e o doentio

Da apresentação que fizemos acima, desponta claro que o distintivo entre as duas "faces" da Renovação Carismática está entre o doentio e o razoável.

Em nenhum dos casos se exclui o psíquico. Toda atividade humana é impregnada de psiquismo, de emoções que impressionam, mais ou menos fortemente, a pessoa. E o Espírito Santo opera sua magnífica obra espiritual dentro do ser humano real; portanto, dentro das linhas do psiquismo inerente a toda pessoa.

Ora, o mundo psíquico é sujeito a desvios, mais ou menos acentuados, conforme as impressões.

Assim, pessoas, ainda que bem-intencionadas, se de temperamento fortemente emotivo, podem impressionar-se e chegar a crer que proceda do Espírito Santo o que é produto das próprias emoções, ou até imaginações.

Há, então, um desvio de discernimento, e passa-se do *razoável* para o *doentio*.

Esse perigo não é de hoje. Em muitas épocas da Igreja existiram *visionários*. E a autoridade do Magistério sempre se preveniu face a muitas "aparições" e "visões" de Cristo, de Nossa Senhora ou dos Anjos.

Célebres supostas revelações, a Igreja as "congelou" para sempre e, as que mais tarde reconheceu, fê-las passar pelo crivo de exame muito severo e até prolongado.

Poucas visões – como as do Coração de Jesus em Paray-le--Monial por Santa Margarida Maria Alacocque, as de Nossa Senhora em Lourdes por Santa Bernadette Soubirou, as de Nossa Senhora em Fátima por Lúcia, Jacinta e Francisco, e algumas outras – foram assumidas pela Igreja e gozam hoje de trânsito livre entre os fiéis.

E mesmo assim cumpre observar que a Igreja não as têm como "revelações" a que se deva um ato de fé. O ciclo das "revelações" certas, divinas, às quais deve aderir a fé dos cristãos sem tergiversação, consumou-se com o Apocalipse, último livro da revelação divina. As demais aparições e visões particulares não exigem a fé dos cristãos, e quem quiser pode descrer delas, sem que lhe caiba qualquer censura da Igreja.

Qual foi, efetivamente, a posição do Magistério diante das aparições comumente aceitas e que apontamos acima?

A Igreja simplesmente conclui que aquelas manifestações não eram *doentias,* que as pessoas que as afirmavam eram boas, honestas, merecedoras de crédito no que narraram, e que os fatos como tais eram *razoáveis* e não apresentavam inconvenientes à fé cristã. Simplesmente isso.

Muitas outras visões, ao contrário, a Igreja não aceitou, porque parecidas com distúrbios psíquicos e fora do razoável.

## Apreciação de alguns fenômenos carismáticos

É dentro de uma realidade humano-psíquica, embora sob a ação do Espírito Santo, que devem hoje ser analisados os fenômenos ditos carismáticos, que exorbitam da via comum.

Tais são os casos de curas e oração em línguas estranhas (fenômeno chamado *glossolalia*).

Não se há de negar que o Espírito Santo é todo-poderoso para despertar, e de fato desperta, esporadicamente, esses carismas. Entretanto, a ação do Espírito não cerceia possíveis distúrbios do psiquismo, sempre vulnerável.

De onde é necessário estarmos atentos ao que é *razoável* e ao que é *doentio*. Um grupo ou uma pessoa pode acreditar achar-se diante de fatos tais sob a ação do Espírito Santo, deixando-se, contudo, levar por ilusão psíquica.

E creio que isso tem acontecido frequentemente com grupos e pessoas não idoneamente assistidos. Não se pode atribuir ao Espírito Santo o que é irrazoável e doentio.

Como discernir até onde vai o razoável e onde começa o doentio?

Não é muito difícil dizê-lo. Quando se passa a afirmar o *miraculoso em massa*, ou seja, como se o Espírito Santo desse dons *extraordinários* (não digo sobrenaturais) em *massa*, envolvendo grande número de pessoas e com *imensa frequência*, é de supor-se uma ilusão.

Os milagres são fatos *extras,* nunca numerosos e *com todas as pessoas*.

Por isso, não devem ser tidos como fenômenos carismáticos e sobrenaturais os de cura de tudo quanto é doença e para todas as pessoas que se pedem, *até por telefone...* Evidentemente, é isso irrazoável. E quem se acredita protagonista de tais milagres, ainda que os atribua a Jesus, acha-se em condições de *exaltação doentia*.

Dou um exemplo muito claro e real. Certa vez, uma senhora do Movimento Carismático Católico veio dizer-me que já havia realizado *mais de mil casos de cura de câncer.* Não consegui, por mais que me esforçasse, demovê-la de tal convicção. Fácil concluir que essa senhora era vítima de um processo psíquico doentio.

Para se ver até onde podem ir as ilusões emocionais, registro mais um caso. Uma mulher, declarada cancerosa pelos médicos, foi levada a um grupo de oração. Impuseram-lhe as mãos, fizeram "oração de cura", como costumavam dizer. Ela sentiu alívio considerável, certamente sob o impulso de sugestão. Uma semana depois, diziam-me os componentes do grupo (entre eles um médico): "Ela está radicalmente curada... Desapareceu completamente o câncer".

Cerca de vinte dias depois, quando me encontrei com seu marido, ele me disse: "Aceito a vontade de Deus. Ela foi sepultada ontem".

Julgo que se equiparem a esse tipo de ilusão os casos em que todo um imenso auditório se põe, debaixo de insinuante exortação de um coordenador, a "orar em línguas", num como que explodir de algaravia.

Não é isso razoável. Creio tratar-se, no caso, apenas de um fenômeno de *psicologia de massa*.

## Concluindo

Não nego os dons de cura e de glossolalia consignados nos Atos dos Apóstolos e na Carta de Paulo aos Coríntios (cf. At 2,4.6; 1Cor 12,10; 14,2 e 14,39). Eles foram suscitados pelo Espírito Santo nos inícios do cristianismo como milagres, dons extraordinários, a fim de despertar a fé dos judeus e dos gentios (cf. 1Cor 14,22). Mas não são fenômenos generalizados em toda a história da Igreja.

É de notar que, com o correr do tempo, eles foram rareando cada vez mais. O fenômeno de orar ou falar em línguas estranhas não se encontra, mais tarde, nem nos mais insignes místicos como Santa Teresa e São João da Cruz.

Inegavelmente, o Espírito do Senhor pode, hoje ainda, despertá-los onde e como lhe aprouver. Mas é preciso que venhamos a nos precaver das ilusões e contra distúrbios psíquicos. O Apóstolo Paulo já advertia aos Coríntios: "Se, pois, numa assembleia da Igreja inteira, todos falarem línguas, e se entrarem homens simples ou infiéis, não dirão que estais loucos?" (1Cor 14,23).

Os fenômenos carismáticos precisam ser sensatamente discernidos à luz de uma reta teologia.

# O ESPÍRITO
# QUE NOS FOI DADO

Para avaliar devidamente os fenômenos carismáticos que observamos nos grupos de oração, julgo muito importante nos atermos ao que a teologia nos ensina sobre o Espírito Santo.

E, para desmanchar possíveis abusos e exageros nesses grupos, nada melhor do que a autêntica e simples catequese sobre a ação do Espírito santificador na Igreja. E aqui deve entrar o empenho pastoral dos dirigentes desses grupos.

Que se pode haurir da teologia, e passar como catequese, a respeito do Espírito Santo e seus carismas, dados ao Povo de Deus?

Aqui chamo atenção para a encíclica de São João Paulo II, intitulada *Dominum et Vivificantem*, sobre o Espírito Santo. Pouco lida, talvez por causa de seu estilo profundo e um tanto difuso, como são suas encíclicas. Mas importante para se conhecer, à luz do Magistério, a obra do Espírito Santo.

Vou valer-me dessa encíclica, em grande parte, para expor aqui o que me parece essencial. Seria presunção e temeridade querer sintetizar toda a encíclica ou querer resumir toda a teologia sobre o Espírito Santo. Mas quero mencionar quatro dados essenciais dessa teologia, que é preciso consubstanciar em catequese.

## 1º – A pessoa-amor de Deus

O Espírito Santo é a relação mesma do Pai e do Filho na vida da trindade, a traduzir-se num Dom-Amor.

Eis o que escreve São João Paulo II, na referida encíclica: "Na sua vida íntima 'Deus é Amor', amor essencial, comum às três Pessoas divinas: amor pessoal é o Espírito Santo, como Espírito do Pai e do Filho. Por isso ele 'perscruta as profundezas de Deus' (1Cor 2,10), como *Amor-Dom incriado*. Pode dizer-se que, no Espírito Santo, a vida íntima de Deus uno e trino se torna totalmente dom, permuta de amor recíproco entre as Pessoas divinas; e ainda que o Espírito Santo é a *expressão pessoal* desse doar-se, desse ser-amor. É Pessoa-Amor. É Pessoa-Dom"[1].

## 2º – O Espírito Santo estava em Jesus

Inseparável do Pai e do Filho, dos quais é expressão de amor, o Espírito Santo estava todo em Jesus Cristo, Filho do Pai enviado ao mundo por amor. "De tal modo Deus amou o mundo, que lhe deu seu Filho único, para que todo aquele que nele crer não pereça, mas tenha a vida eterna" (Jo 3,16). Este Filho, que nos foi enviado por amor, traz consigo o próprio Amor-Dom do Pai.

O Espírito Santo estava, assim, em Jesus, que era repleto deste Espírito. Por isso ele confirmou em Cafarnaum as palavras que lera de Isaías:

"O Espírito do Senhor está sobre mim, pelo que me ungiu e enviou-me para anunciar a Boa-Nova..." (Lc 4,18).

---

[1] Cf. *Dominum et Vivificantem,* n. 10.

Comenta, a propósito, São João Paulo II: "Na Antiga Aliança a unção tinha-se tornado o símbolo externo do dom do Espírito. O Messias, bem mais do que qualquer outro personagem ungido na Antiga Aliança, é o único grande *Ungido pelo próprio Deus*. É o ungido no sentido de possuir a plenitude do Espírito de Deus. Ele mesmo será também o mediador para ser concedido este Espírito a todo o povo"[2].

## 3º – O Espírito dado à Igreja

O Espírito Santo devia ser dado à Igreja, e foi-lhe dado em plenitude, senão esta Igreja não seria a continuação da obra salvadora de Cristo. Ainda aqui citemos São João Paulo II: "*O tempo da Igreja* teve início com a 'vinda', isto é, com a descida do Espírito Santo sobre os Apóstolos, reunidos no Cenáculo em Jerusalém, juntamente com Maria, a Mãe do Senhor".

O tempo da Igreja teve início no momento em que as *promessas e os anúncios*, que tão explicitamente se referiam ao Consolador, ao Espírito da verdade, começaram a verificar-se sobre os Apóstolos, com potência e com toda a evidência, determinando assim o nascimento da Igreja. Disso falam os *Atos dos Apóstolos*, dos quais nos resulta que, segundo a consciência da primitiva comunidade – da qual São Lucas refere as certezas – *o Espírito Santo assumiu a orientação invisível* – mas de algum modo "perceptível" – daqueles que, depois da partida do Senhor Jesus, sentiam profundamente o terem ficado órfãos. Com a vinda do Espírito, eles sentiram-se capazes de cumprir a missão

---

[2] Cf. *Dominum et Vivificantem*, n. 16.

que lhes fora confiada. Sentiram-se cheios de fortaleza. Foi isso precisamente que o Espírito Santo operou neles; e é isso que ele continua a operar na Igreja, mediante seus sucessores.

Com efeito, a graça do Espírito Santo, que os Apóstolos, pela imposição das mãos, transmitiram a seus colaboradores, continua a ser transmitida na Ordenação episcopal. Os bispos, por sua vez, depois tornam participantes desse dom espiritual os ministros sagrados, pelo sacramento da Ordem, e providenciam ainda para que, mediante o sacramento da Confirmação, sejam fortalecidos com ele todos os que tiverem renascido pela água e pelo Espírito Santo. E assim se perpetua na Igreja, de certo modo, a graça de Pentecostes.

"Como escreve o Concílio: o *Espírito Santo habita na Igreja* e nos corações dos fiéis como num templo (cf. 1Cor 3,16; 6,19); e neles ora e dá testemunho de sua doação final (cf. Gl 4,6; Rm 8,15-16,26). Ele introduz a Igreja no conhecimento da verdade (cf. Jo 16,13), unifica-se na comunhão e no ministério, edifica-a e a dirige com os diversos dons hierárquicos e carismáticos e a enriquece com seus frutos (cf. Ef 4,11-12; 1Cor 12,4; Gl 5,22). Faz ainda com que *a Igreja se mantenha sempre jovem*. Com a força do Evangelho, renova-a continuamente *e leva-a* à perfeita união com seu Esposo"[3].

## 4º – O Espírito e os dons carismáticos

Dado à Igreja como *dom*, o Espírito como que transborda em valiosos *carismas* nos membros do Corpo Místico, conforme as necessidades dos tempos e as próprias qualidades naturais das pessoas.

---

[3] Cf. *Dominum et Vivificantem*, n. 25.

Tenho para mim que *carismas* não são senão as qualidades íntimas das pessoas que o Espírito Santo assume e sobrenaturalmente vivifica. Adverte-nos São Pedro: "Como bons dispenseiros das diversas graças de Deus, cada um de vós ponha à disposição dos outros o dom que recebeu: assim a palavra, para anunciar as mensagens de Deus; assim um ministério, para exercê-lo com uma força divina, a fim de que em todas as coisas Deus seja glorificado por Jesus Cristo" (1Pd 4,10-11).

Os carismas são sinais da presença do Espírito, sempre a serviço da Igreja. Transformam-se em *ministérios*. E, assim, além dos ministérios *hierárquicos* (Episcopado, Presbiterato, Diaconato), surge na Igreja imensa gama de *ministérios leigos*, a serem acolhidos e estimulados pelos Pastores: anunciadores da Palavra (verdadeiro ministério profético), catequistas, animadores de comunidades, assistentes dos enfermos e encarcerados, colaboradores na Igreja sob as mais diversas formas.

Tudo isso no campo estritamente pastoral. Mas não é para esquecer os carismas: da *vida consagrada* (que pode conviver com tantos outros ministérios), da vida estritamente *contemplativa* e, enfim, o carisma importantíssimo da *oração* simples e comum. Desse nos fala ricamente São João Paulo II em *Dominum et Vivificantem*. Eis alguns tópicos:

"O sopro da vida divina, o Espírito Santo, *exprime-se e faz-se ouvir*, da forma mais simples e comum, na *oração*. É belo e salutar pensar que, onde quer que no mundo se reze, aí está presente o Senhor, sopro vital da oração"[4].

"O Espírito Santo é o Dom, que vem ao coração do homem *ao mesmo tempo em que a oração*. Na oração Ele ma-

---

[4] Cf. *Dominum et Vivificantem*, n. 65.

nifesta-se, antes de mais e acima de tudo, como o Dom, que vem em auxílio da nossa fraqueza"[5].

"*A nossa época difícil tem particular necessidade da oração.* Se no decorrer da história, ontem como hoje, homens e mulheres em grande número deram testemunho da importância da oração – consagrando-se ao louvor de Deus e à vida de oração, sobretudo nos mosteiros, com grande proveito para a Igreja –, nestes últimos anos vai crescendo também o número de pessoas que, em movimentos e grupos cada vez mais desenvolvidos, põem a oração em primeiro lugar e nela procuram a *renovação da vida espiritual*. Trata-se de um sintoma significativo e consolador, uma vez que desta experiência tem derivado uma contribuição real para a retomada da oração entre os fiéis, os quais, desse modo, foram ajudados a melhor considerarem o Espírito Santo como Aquele que suscita nos corações uma profunda aspiração à santidade"[6].

## Concluindo

Parece-me curioso que São João Paulo II, em sua encíclica sobre o Espírito Santo, não faz qualquer referência aos carismas de "orar em línguas", de "operar curas" ou de "fazer milagres".

Sem dúvida, o Papa não quis, com essa omissão, negar a possibilidade desses carismas. Mas, enquanto falou da *ora-*

---

[5] *Ibid.*
[6] *Ibid.*

ção, em que tantas pessoas procuram a *renovação da vida espiritual,* omite-os, creio eu, devido à pouca importância que têm, podendo a oração, em sua forma mais simples, mais fervorosa e constante, supri-los vantajosamente.

# OS DONS E CARISMAS QUE O ESPÍRITO SUSCITA NA IGREJA

É inegável, à luz da teologia católica, que o Espírito Santo anima e vivifica constantemente a Igreja de Cristo. A teologia sempre afirmou que o Espírito é a *alma* da Igreja.

É doutrina, entre outros, de Santo Irineu[1], de Santo Agostinho[2] e também de Santo Tomás de Aquino, que chama o Espírito Santo "coração" da Igreja[3].

E Leão XIII assim se exprimiu: "Basta afirmar isto: assim como Cristo é Cabeça da Igreja, o Espírito Santo é sua alma"[4].

Princípio de vida e de atuação em Cristo Cabeça, o Espírito Santo o é, também, em todos os membros a ele unidos. E a Igreja, comunitariamente, recebe da cabeça que é Cristo os dons e carismas *essenciais à sua estrutura enquanto Igreja* e dons e carismas *específicos e extraordinários* dados individualmente a determinados membros.

---

[1] *Adversus Haereses,* III, 1.
[2] *Johannis Evang. Tratactus,* XXV, 13 e XXVII, 6.
[3] *Summa Theol,* II, q. 8, art. 1, ad 3.
[4] Cf. DENZINGER, n. 2288.

## Breve teologia dos carismas

É forçoso reconhecer que não é fácil explanar, com precisão teológica, o tema *carisma*. Segundo *Rahner e Vorgrimler*, o tema aparece, com sentido mais definido, nas Cartas de São Paulo. Ali está 17 vezes. Significa "sabedoria, ciência, poder para fazer milagre, discernimento dos espíritos, governo da comunidade, dom de línguas" (cf. principalmente 1Cor 12-14)[5].

Mas, segundo outros intérpretes, o sentido geral de carisma é o de "dom gratuito de Deus e, especialmente, é o dom gratuito ordenado à edificação da comunidade cristã"[6].

O Concílio Vaticano II parece desconhecer todo aspecto miraculoso dos carismas e deles fala como dons diversos distribuídos pelo Espírito Santo para utilidade da Igreja e que "entre eles avulta a graça dos Apóstolos a cuja autoridade o próprio Espírito submete até os carismáticos"[7]. Mas reconhece que são "multiformes os carismas dos leigos, dos modestos aos mais elevados e os presbíteros devem descobri-los 'com senso de fé' e incentivá-los com entusiasmo"[8].

Afigura-se-me que carismas são toda a gama de dons sacramentais, que o Espírito Santo confere à Igreja enquanto seu espírito vital e impulsionador. Uns são *essenciais* e imprescindíveis à estrutura da Igreja, outros são *extraordinários*, conferidos a alguns de seus membros.

---

[5] *Dicionário Teológico* – Biblioteca Herder, p. 86, 2ª coluna.
[6] VELASQUEZ, Pe. Fernando, S.J. – *El Santo Espíritu, como fuente de La nueva Evangelizacion* – Col. V Centenário – CELAM, n. 23, p. 52.
[7] Cf. *Lumen Gentium,* n. 14.
[8] Cf. *Prebyterorum Ordinis,* n 9.

Isso posto, quais seriam os dons e carismas *essenciais à estrutura da Igreja* e quais os dons *extraordinários* concedidos a alguns de seus membros?

Dons e *carismas essenciais* são aqueles sem os quais a Igreja não poderia subsistir. E dons *extraordinários* são aqueles que lhes são úteis em determinadas circunstâncias ou épocas, mas a Igreja pode subsistir sem eles.

## Os dons essenciais à vida da Igreja

A Igreja não pode existir, nem continuar a obra salvadora de Cristo, ser "sacramento no mundo"[9] sem os carismas que o Espírito lhe outorga *essencialmente.*

Desses dons essenciais, uns são *dados globalmente a todos* e *outros, especificamente a indivíduos.*

### *Dons concedidos globalmente a todos unidos à Igreja*

1º – O senso sobrenatural da fé, o "sensus fidei", assim chamado pelos teólogos[10].

2º – O dom da graça: vida em Cristo, participação da própria vida trinitária.

3º – O sacerdócio comum pelo qual todos podem cultuar a Deus e oferecer-lhe os seus dons.

4º – O *múnus* profético e real pelo qual todo cristão pode anunciar Cristo (dom profético) e ter sob seu domínio o universo conquistado por Cristo (múnus Real).

---

[9] Cf. *Lumen Gentium*, n. 1, 9, 48; *Gaudium et Spes*, n. 42, 45; *Sacrossactum Concilium*, n. 5, 26; *Ad Gentes*, n. 1, 5.
[10] Cf. *Lumen Gentium*, n. 12.

5º – Enfim, o dom da caridade ou amor, o mais sublime dos carismas como acentua São Paulo (cf. 1Cor 13).

Esses dons são essenciais a todos os *fiéis* que *são Igreja viva*, sob a atuação do Espírito Santo. Eles são radicados no Batismo e na Crisma.

### Carismas essenciais concedidos a alguns

Em virtude de sua vocação especial, o Espírito Santo confere, por via sacramental, específica, três dons ou carismas, também essenciais e indispensáveis à Igreja, que importam na sua existência na história:

1º – O *Episcopado* – que encerra a plenitude dos dons do Espírito em ordem à santificação, para serem distribuídos gradualmente na Igreja.

2º – O *Prebiterato* ou Sacerdócio específico, que é uma participação maior no carisma santificador dado em plenitude aos bispos.

3º – O *Diaconato* – participação menor no carisma santificador.

Esses três carismas são inerentes a uma *consagração definitiva de homens a serviço do povo*, para manter nele a santidade e os carismas essenciais a todos os batizados.

4º – Acredito que se poderia acrescentar aqui o carisma da *consagração religiosa* sob o tríplice voto de castidade, pobreza e obediência. É um sinal tão sublime de santidade e serviço sob a ação do *Senhor*, que a Igreja sempre o teve em privilegiada consideração[11].

---

[11] Cf. *Lumen gentium,* n. 39; *Can.* 573 e 574.

É pena não poder esmiuçar profundamente essa imensa gama de carismas. Quero encerrar com uma citação do Concílio Vaticano II, que enfeixa, com propriedade, a ação desses *carismas essenciais* aos fiéis e ao Clero, como fruto da ação do Espírito Santo:

> "O Espírito habita na Igreja e nos corações dos fiéis como num templo (cf. 1Cor 3,16; 6,19). Neles ora e dá testemunho de que são filhos adotivos (cf. Gl 4,6; Rm 8,15-16.26). Leva a Igreja ao conhecimento da verdade total (cf. Jo 16,13). Unifica-a na comunhão e no ministério. Dota-a mediante os diversos dons hierárquicos e carismáticos. E adorna-a com seus frutos (cf. Ef 4,11-12; 1Cor 12,4; Gl 5,22). Pela força do Evangelho Ele rejuvenesce a Igreja, renova-a perpetuamente e leva-a à união consumada com seu Esposo. Pois o Espírito e a Esposa dizem ao Senhor Jesus: 'Vem' (cf. Ap 22,17). Dessa maneira aparece a Igreja toda como 'o povo reunido na unidade do Pai e do Filho e do Espírito Santo'"[12].

## Os carismas extraordinários concedidos pelo Espírito a alguns

Os dons anteriormente mencionados (hierárquicos e carismáticos) são *essenciais* à vida da Igreja. Sem eles, a Igreja una, santa, católica e apostólica, que é a de Cristo, deixaria de existir.

---

[12] Cf. *Lumen Gentium*, n. 4.

Não assim são os carismas ou dons *extraordinários,* que o Espírito pode dar e dá, *esporadicamente,* a alguns membros da Igreja, como serviço para edificar e converter e, em alguns casos, para felicidade e consolo de seus eleitos. Mencionamos os seguintes:

1º – O *carisma dos milagres.* Raramente o Espírito o concede, como o fez a Santo Antônio, a São Chardel e a alguns outros. Nesse carisma cabe o dom de *curas físicas.* O dom de *curas espirituais,* muito mais simples e, talvez, mais importante, o Espírito o distribui, inerente à caridade.

2º – O *dom de línguas e de interpretar* os que assim falam. Esse dom, evidentemente, existiu em algumas Igrejas primitivas (cf. At 2,4; 1Cor 12,10.28-30; 14,13). Mas não em todas e nem todos possuíam. E, parece, gerou tantas confusões, que foi preciso o Apóstolo Paulo fazer a seu respeito sérias advertências (cf. 1Cor 14 – sobretudo n. 22-23).

Não há notícia de que esse carisma se tenha estendido no correr da história posterior da Igreja.

3º – Os dons de *iluminação interior, de discernimento espiritual, e os arroubos (êxtase)* na oração. Também raros, se considerarmos os poucos agraciados com eles entre os santos.

E não sei se é possível apontar outros mais.

Os dons extraordinários estão na linha dos milagres. E é preciso ajuizar que seriam mais para edificar e converter do que para servir ordinariamente à Igreja, à exceção do dom do "discernimento".

***Concluindo***

Parece-me ter dado acima as noções mais objetivas e teológicas sobre os dons e carismas do Espírito Santo. Nem paga a pena fazer muitas distinções e descer a muitos pormenores.

Nosso objetivo é evangelizar dentro do ensino comum da Igreja, abrindo pistas para o acompanhamento pastoral da Renovação Carismática Católica.

Notamos, enfim, que todos os carismas e dons podem e devem concretizar-se em *ministério de Igreja a serviço do povo de Deus.*

# ALGUNS PADRES SE PREVINEM CONTRA A RENOVAÇÃO CARISMÁTICA

Depois de quanto expusemos sobre a ação do Espírito Santo na Igreja – notadamente sobre os carismas – evidencia-se que a Renovação Carismática Católica é por nós apresentada com uma face simpática.

Por que, então, ela não é acolhida de modo geral pelos sacerdotes?

Por que existe mesmo uma prevenção quase generalizada contra os chamados "grupos de oração"?

Estamos diante de uma questão pastoral que merece ser examinada.

Muitos padres não poderão se subtrair à responsabilidade que assumem, negando assistência espiritual e desconhecendo os carismas legítimos que florescem entre os leigos. O Decreto *Presbyterorum Ordinis* faz a seguinte recomendação aos padres:

> "Reconheçam e promovam os presbíteros sinceramente a dignidade dos leigos e suas incumbências na missão da Igreja. Acatem conscienciosamente a justa liberdade que é quinhão de todos na cidade terrestre. Ouçam com gosto os leigos, apreciando fraternalmente seus desejos,

reconhecendo sua experiência e competência nos diversos campos da atividade humana, para poderem junto com eles verificar os sinais dos tempos. Pondo à prova os espíritos para ver se são de Deus (cf. 1Jo 4,1), descubram com o senso da fé, reconheçam com alegria e incentivem com entusiasmo os multiformes carismas dos leigos, dos modestos aos mais elevados. Entre os demais dons de Deus, que se encontram abundantemente entre os fiéis, são dignos de especial carinho aqueles que atraem não poucos para uma mais elevada vida espiritual. Da mesma forma entreguem com confiança tarefas aos leigos para o serviço da Igreja, deixando-lhes liberdade e possibilidade de agir, convidando-os mesmo oportunamente a enfrentar obras também por sua iniciativa"[1].

O teor dessa recomendação vale como censura à formal repulsa de não poucos sacerdotes a dispensarem sua assistência aos leigos e a não quererem reconhecer que neles o Espírito Santo pode atuar e atua em benefício da Igreja.

Entretanto, seria injusto não reconhecer, também em casos concretos, os motivos de oposição aos encontros e grupos ditos carismáticos.

---

[1] Cf. Concílio Vaticano II, Constituição Dogmática sobre a Igreja *Lumen Gentium,* n. 37: AAS 57 (1965), p. 42-43. Cf. *Prebyterorum Ordinis*, n. 9.

A Renovação Carismática foi, em muitos lugares, interpelada e recusada, com razão, por motivos *pastorais e doutrinários*, quando nela se verificaram desvios lastimáveis.

Quero aqui fazer referência a um livro ponderado de dois sacerdotes de renome na frança – Bouchet e Caffarel. O livro intitula-se: *Le Renouveau Charismatique Interpellé – études et documents* (Edition du Feu Nouveau, Paris).

## Observações teológicas de Bouchet

O Pe. João-René Bouchet especializou-se em patrística grega. Pregador, assistente espiritual de monjas na França, manteve contatos ecumênicos e frequentou grupos de oração e Renovação Carismática.

Nas observações que faz, ele aponta os grupos, todos unidos pela "experiência de oração", porém diferentes pelas "teologias" subjacentes a esta "experiência".

Todos, inegavelmente, diz ele, contribuíram "para despertar na teologia e na espiritualidade católica o sentido da pessoa e da ação do Espírito Santo"[2]. E é de se lembrar, também, o papel que desempenharam esses grupos "na descoberta, por parte dos leigos, de seu lugar na Igreja"[3].

Entretanto, nos grupos, esses efeitos são condicionados à experiência inicial, indispensáveis, de uma "efusão do Espírito Santo" ou "batismo no Espírito", em que o participante tem de "estar disposto a receber, ao mesmo tempo em que a efusão

---

[2] Cf. *Le Renouveau Charismatique Interpellé*, p. 20.
[3] *Ibid.*, p. 21.

do Espírito, os carismas que o Senhor lhe quererá conferir. A recusa dos carismas, em particular do dom de línguas, representará um sinal de "bloqueio", portanto, de desejo incompleto de conversão"[4].

Esse "batismo do Espírito" é conferido mediante imposição das mãos de todo o grupo, por entre preces longas de ação de graças, de profecias, de forma a se constituir num "rito", do qual a pessoa sai liberta e possuída dos carismas, especialmente o de falar em línguas.

## Magismo e manipulação

Há, assim, um como "fato mágico" na "efusão do Espírito Santo", resultante da imposição de mãos dos participantes do grupo. E, além do mais, os carismas admitidos são exteriores, são os mesmos carismas da Assembleia de Deus. "Quando se fala de carismas nos grupos da Renovação – escreve Bouchet – trata-se, antes de tudo, de manifestações exteriores tais quais encontramos nas Assembleias de Deus, a saber, as línguas, as profecias, a cura, a libertação do maligno."

Observa ainda esse autor que percebeu, não raro, uma como "manipulação dos iniciados do grupo, a fim de fazê-los crer estarem possuídos de tais carismas.

Bouchet registra fatos por ele presenciados na França. Também nós pudemos averiguar – pelo menos no início da Renovação Carismática entre nós – casos iguais.

Avaliando esse processo carismático, desde meus primeiros contatos com a Renovação, fiz notar um erro doutrinário

---

[4] *Ibid.*, p. 23.

inaceitável: o "batismo do Espírito", ali recebido pela imposição de mãos de um grupo, põe totalmente de lado o valor do Sacramento do Batismo já recebido pelos participantes do grupo e desconhece que a santificação do Espírito Santo não pode resultar de filiar-se ou não à Renovação Carismática.

Importa, ainda, relembrar que carismas são, antes de tudo, "dons interiores para o serviço da Igreja" e não "dons maravilhosos" de falar línguas e operar curas.

## Daí, a posição do clero

A formação teológica do nosso clero não pode aceitar esta malversação ou mesmo falsificação dos "carismas". Da mesma forma, não consegue aceitar a insistência do método dos líderes carismáticos, que geram uma ilusão psíquica, quando não fanatismo, em torno de "orar em línguas", "exorcizar" e "curar".

Tudo isso, sem falarmos da exuberância de murmúrios, gritos de "aleluias", gesticulação em "frenesi", que torna o ambiente do grupo efetivamente ridículo.

São esses aspectos que inibem a maioria dos padres a aceitar a participação num grupo carismático e, face à radicalização de alguns de seus líderes, a desistir de sua orientação espiritual.

Graças a Deus, uma decantação dos erros e exageros veio-se produzindo, há algum tempo, nos grupos carismáticos. E, à medida que isto acontece, eles se engajam com eficiência na pastoral da Igreja entre nós e os padres passam a acolhê-los.

## Concluindo

Queremos encerrar com a conclusão final do Pe. Bouchet:

> "Outros pontos haveria ainda a examinar na Renovação Carismática, segundo nosso modo de ver e que manifestam sua dependência concreta relativamente ao Pentecostalismo histórico: basta-nos lembrar, ao terminar, o agarramento fundamentalista à Bíblia, raramente de bom quilate. Em tudo isso, parece-nos necessário realizar um discernimento".

E, enfim:

> "Tal qual se nos apresenta, a Renovação Carismática parece requerer uma purificação espiritual a fim de ser acolhida sem reticências na Igreja Católica"[5].

---

[5] *Ibid.*, p. 44-45.

# AS OBSERVAÇÕES DO PADRE CAFFAREL

O Pe. Caffarel é o fundador das Equipes de Nossa Senhora, conhecido movimento de espiritualidade conjugal. Mas ele seguiu, também, muito de perto a Renovação Carismática e manteve contatos com os seus grandes promotores Ralph Martim e Père O'Connor, além de participar de grupos no Canadá, na Europa, na América, na África e Ásia.

Suas observações são análogas às do Pe. Bouchet, porém afiguram-se-nos bem mais incisivas. Ele assegura que escreve sobre o assunto não só baseado em estudos teóricos, "mas sobre a realidade vivida, tal qual me esforcei por conhecer" – diz ele[1].

"Posso afirmar que minha reflexão não se fundamenta em 'a prioris', mas sobre numerosas informações, inquéritos e experiências[2]."

## Os valores da Renovação

De início, ele aponta os verdadeiros valores da Renovação.

1º – "O primeiro mérito da Renovação Carismática é, sem dúvida, chamar atenção para o ensinamento tradicional, mas

---

[1] *Le Renouveau Charismatique Interpellé*, p. 54.
[2] *Ibid.*, p. 55.

frequentemente esquecido, a respeito da missão do Espírito Santo na vida pessoal do cristão e na Igreja." Ela convida, também, fortemente, a descobrir que esse mesmo Espírito – como lembra o Vaticano II – concede aos cristãos "carismas que os tornam aptos a trabalhar para o bem comum da Igreja"[3].

2º – Os grupos de oração oferecem aos afastados da Igreja um primeiro encontro com ela sob uma forma acessível de fraternidade e de prática da oração. E aos que nela já estão fazem descobrir o gosto e a alegria da oração, o "mistério" dessas assembleias extralitúrgicas reunidas em nome de Cristo (cf. Mt 18,19-20) e a dimensão comunitária da vida cristã[4].

3º – Um terceiro valor positivo; mesmo àqueles que já receberam a confirmação e fizeram profissão de fé, a Renovação os faz reconhecer que são "prisioneiros do pecado" e que "Jesus Cristo é seu Salvador" e que "é preciso entregar-se a Ele e abrir-se à efusão do Espírito Santo para que se conduzam nas vias de Deus[5].

Nada obstante, a Renovação apresenta, no dizer do Pe. Caffarel, desvios diversos conforme os grupos que se reúnem e segundo suas doutrinas e práticas diferentes.

---

[3] *Ibid.*, p. 56.
[4] *Ibid.*, p. 57.
[5] *Ibid.*, p. 58.

## Anotações sobre esses desvios

1ª – É de se observar uma motivação determinante em grande número dos que buscam a Renovação: o desejo de encontrar Deus numa experiência carismática; ou, mais precisamente, duplo desejo: o da experiência subjetiva da presença do Espírito com sentimentos de fervor e alegria e o da experiência dos carismas de línguas, interpretação, profecia, cura e discernimento. É isso que se busca e é isso também que o movimento propõe e promete.

Propriamente, estão aqui as duas fundamentais aspirações da alma humana: o gosto pelo "maravilhoso" e a necessidade de "sentir Deus". Além do mais, os orientadores da Renovação insistem sobre a missão do Espírito Santo na alma cristã e na Igreja e sobre os fortes prodígios realizados em Pentecostes e na Igreja primitiva, imagem do que se deve reproduzir na Igreja de hoje.

2ª – A porta que o Movimento Carismático abre aos que desejam a experiência de Deus é o "batismo do Espírito" ou "efusão do Espírito". É um verdadeiro rito. Embora se diga aos católicos que não se trata de um Sacramento e que já o receberam nos Sacramentos de iniciação cristã, no entanto, os que buscam o "batismo do Espírito" se sentem de acordo com os Pentecostalistas, para os quais esse batismo é a recepção do Espírito Santo, que não receberam no batismo de água[6]. E a imposição das mãos se lhe afigura "como um rito decisivo destinado a lhes obter a plenitude do Espírito e as manifestações sensíveis de seu poder. Privilegia-se

---
[6] *Ibid.*, p. 63.

muito na Renovação Carismática o aspecto "poder do Santo Espírito"[7].

3ª – Salienta ainda Caffarel que todo o conjunto do "batismo do Espírito" (a impaciência com que é esperado, o modo como se prepara, o calor da assembleia, a imposição das mãos como gesto transmissor de "poderes") cria um estado de espírito de modo a favorecer uma experiência espiritual. E, se o iniciado não recebe esta experiência, não fala em línguas, o grupo e mesmo a literatura da renovação insinuam que isso se deve a um obstáculo interior, a uma tendência pecaminosa, a um pecado[8].

4ª – É nessa circunstância que se fala em dom de "cura interior" e "libertação", ou "exorcismo", e na precisão de que a pessoa se reconheça em pecado e que o grupo tem o dom do "discernimento" para levá-lo a um "processo de cura". Veem-se, mesmo, dirigentes que se creem autorizados a esquadrinhar a consciência daquele que pede para ser curado, pedindo-lhe a confissão dos pecados, os mais secretos, depois da infância[9].

5ª – Muitos desses que, pela recepção do "batismo do Espírito", chegam ao fervor e a uma experiência carismática se consideram uma classe superior, de onde sua propensão a separar-se dos outros cristãos – anota ainda Pe. Caffarel.

---
[7] *Ibid.,* p. 64.
[8] *Ibid.*, p. 66.
[9] *Ibid.*, p. 67-68.

## Concluindo

Não é preciso que levemos mais além as observações de Caffarel. O que acima fica anotado – e que ele afirma ter atingido até religiosos e seminaristas – é suficiente para demonstrar que tais excessos são graves ilusões espirituais e podem ocasionar – como diz o referido autor – "uma alteração na fé"[10].

Entre nós, no passado, esses processos de conversão foram também usados. E era o que indispunha, de modo geral, os sacerdotes contra a Renovação Carismática.

Graças a Deus, o movimento foi-se purificando de tais excessos, permanecendo, entre nós, os pontos positivos que o recomendam. Exceções ainda existem. Creio que não deve a Renovação, em si mesma, ser avaliada à luz das exceções.

Onde os padres se abrem, acompanham os grupos de oração e, com lógica, apontam os erros, a Renovação tem-se tornado excelente colaboradora da ação pastoral de nossas Igrejas.

---

[10] *Ibid.*, p. 75.

# É IMPRESCINDÍVEL A ASSISTÊNCIA ESPIRITUAL AOS GRUPOS CARISMÁTICOS

Depois de ter estudado mais ou menos amplamente a Renovação Carismática, parece-me útil apontar aqui algumas pistas pastorais de atendimento aos grupos carismáticos, tão numerosos por toda a parte.

Não podem os sacerdotes, bispos e diáconos – e mesmo agentes leigos – deixarem à margem tanta gente, que encontra nos grupos de oração aumento de fé, alegria espiritual, gosto pela oração e estímulo para o apostolado. Mesmo quando dentro dela se registram erros, fanatismo, desequilíbrios psíquicos e até radicalismo, exatamente por isso se torna imprescindível a solicitude pastoral.

Posso dar o testemunho experimental de que, apesar de minhas antipatias iniciais, vejo hoje, em minha Diocese, notável crescimento espiritual dos grupos de renovação carismática.

## Não resistir aos sinais do Espírito

Fazendo um retrospecto dos muitos movimentos que aparecem na Igreja Católica, antes e depois do Concílio Vaticano II, averiguo que, quase todos, não raro, tiveram resistência do clero. E, apesar de tudo, purificados de seus excessos e radicalizações, foram depois assumidos pela Igreja e trouxeram excelentes frutos.

No passado, a Ação Católica e o Movimento Litúrgico contaram com oposições, sobretudo, do clero mais velho. Mas cresceram, deram frutos e pode-se dizer que até influíram em mudanças profundas na liturgia e no apostolado leigo.

Depois do Concílio Vaticano II despontaram: o "Movimento por um mundo melhor" e, a seguir, os "Cursilhos de Cristandade". O primeiro, impulsionado pelo Papa, teve melhor acolhida. Mas os Cursilhos aguentaram, em muitos lugares, críticas e até proibições. Entretanto, vê-se hoje que os Cursilhos, com altos e baixos, foram a grande força que despertou nossos leigos. Atualmente, grande número de convertidos, depois aprimorados, estão na linha de frente de nossos movimentos da Igreja.

Ainda são recebidas com reservas, por não poucos sacerdotes, as chamadas CEBs (Comunidades Eclesiais de Base). E foram apontados nelas, com fundamento, sérios desvios, conforme o livro de D. Amaury Castanho sobre referidas instituições. Quem pode negar, entretanto, o que as CEBs vêm produzindo em nossas Igrejas?

Mesmo quando a renovação pastoral julga e condena o "paralelismo" e até o "fechamento" de alguns movimentos, eles aí estão, deixam frutos, e muita gente que por eles passou está atuando com amor nas várias linhas pastorais de nossas paróquias.

Concluo que não se pode resistir aos chamados e aos sinais do Espírito, que está presente e age como quer, onde quer e, sobretudo, *pelo modo que é possível* na hora, no tempo e no lugar.

A Renovação Carismática é um sinal do Espírito Santo que, a meu ver, pode renovar a Igreja *por dentro*. Não nego seus erros e exageros que cumpre aos assistentes espirituais eliminarem com discernimento e caridade. Seu rápido desenvolvimento, sua aceitação fácil entre os jovens e classes pobres é, quando nada, anteparo contra a invasão das seitas.

Nada vale repeli-la devido ao que não nos agrada. Ela avança. E os grupos, não acolhidos e não orientados pastoralmente, podem debandar para o Pentecostalismo. Não ocorreu já, lastimavelmente, esse fato em diversas comunidades?

## Que devem fazer os padres?

Todo padre é um pastor. Não deve reprimir as ovelhas que se desviam, mas ir à sua busca para reconduzi-las. Pode e deve condenar os erros, mas respeitar as pessoas e tentar salvá-las.

A correção deve exercer-se com caridade, no diálogo aberto e sincero. E o diálogo deve tentar-se quantas vezes for possível.

Por isso, o primeiro passo de um sacerdote com respeito à Renovação Carismática deve ser: *conhecê-la pessoalmente*. Ir aos grupos de oração. Participar, dentro do possível, de seu modo de rezar.

No começo, muita coisa parecerá esquisita, excêntrica: oração em murmúrios, exageros de gestos, prorromper de "aleluias", "Viva Jesus" etc.

Atitudes do padre: acalmar-se, não repreender, escutar, orar dentro de si mesmo como costume, mas fazendo-se presente. Não abandonar o grupo ao primeiro ímpeto.

Depois de algum tempo de participação silenciosa e paciente (após ter anotado os "exageros", os "ridículos" e "abusos", "erros, talvez, de interpretação bíblica ou teológica"), é então chegada a hora de convocar líderes do movimento para uma conversa.

Certamente, esse primeiro encontro não vai desfazer todos os desencontros. É preciso paciência em aguardar momentos propícios para insinuações, pequenas mudanças de ideia e de práticas dos líderes.

## Uma distinção importante

Posso dizer que há dois tipos de "grupos de oração" ou "Renovação Carismática": uns são de procedência "pentecostalista", isto é, guardam os resquícios do que os Pentecostais ensinaram sobre coisas maravilhosas de "falar em línguas" após "receber o Espírito", por meio de uma "imposição de mãos"; outros são de raízes totalmente católicas, nos quais o "orar juntos" traz alegria, confiança, aumento de fé e estreita os laços comunitários.

Essas duas espécies de grupos de oração evocam uma clara diferença de noções catequéticas e mesmo teológicas de que podem achar-se imbuídos.

Boa parte da Renovação Carismática fala e raciocina com uma linguagem diferente da teologia católica a respeito de *carismas*. *Carismas*, para eles, é o que é *maravilhoso:* falar e orar em línguas, ter poder de curas, operar a libertação interior de uma pessoa por um tipo de "exorcismo".

Mas *carisma*, na teologia da Igreja Católica, é essencialmente *dom interior do Espírito Santo em ordem a um serviço à comunidade.* O *maravilhoso* não se nega, mas não é concedido senão a muito poucos e em circunstâncias excepcionais.

Esses pontos de diferença devem ser claramente explicados, quantas vezes forem necessárias, primeiro aos líderes do grupo, depois ao próprio grupo, não obstante reações que possam surgir. Só com o tempo as ideias exatas assentarão.

## Os desequilíbrios e os casos patológicos

Não se pode esquecer de que os grupos de oração com tendência ao maravilhoso atraem muitas pessoas neuróticas ou sensitivas. Tais pessoas se dão muito bem nesses grupos e passam a exercer uma influência contagiante.

Esses casos exigem verdadeiro processo de cura psíquica e espiritual. Não se trata de jogar-lhes no rosto que sofrem de desequilíbrio. Porque essas pessoas estão fortemente convencidas, em sua fé rudimentar, de que são portadoras de carismas maravilhosos. Toda a paciência, mas também toda a energia de persuasão devem ser usadas, longamente, com elas.

Acontece que essas pessoas, quando inconversíveis, facilmente desertam do grupo, passam às Assembleias de Deus, ou à Igreja Pentecostal, ou mesmo vão à procura do espiritismo.

Quando, porém, possuem raízes de formação católica, com o tempo mudam suas concepções, amoldam-se aos demais e engajam-se, com determinação, nos grupos católicos.

## A formação espiritual e doutrinária

O ponto fundamental do acompanhamento à Renovação Carismática é, certamente, a formação espiritual e doutrinária, primeiro dos líderes, depois de todos quantos ingressam nos grupos para orar.

Deve-se levar todo o grupo a consumir um razoável espaço de tempo ao conhecimento da espiritualidade e da catequese católica. Sem isso, haverá sempre desvios a lastimar.

Nessa formação há muitos caminhos. É necessário pedagogia, método e, mesmo, certa ênfase na apresentação da doutrina. O padre não conseguirá isso sem esforço.

Seria muito importante a leitura e exposição, em forma acessível, da encíclica de São João Paulo II, intitulada *Dominum et Vivificantem,* e dos pontos tão claros em que o Concílio Vaticano II se referiu à ação do Espírito Santo na Igreja[1].

E, como há muita gente pouco instruída nos grupos carismáticos, é imprescindível uma revisão de todo o Catecismo, por meio de um bom manual.

## Concluindo

Apraz-me concluir com a citação de alguns textos do oportuno Documento do encontro Episcopal Latino-Americano, realizado em La Ceja (Colômbia), em setembro de 1987, documento, aliás, cuja leitura recomendo em todo o seu teor [2].

---

[1] Cf. verbete *Espírito Santo* no índice remissivo do *Compêndio do Concílio Vaticano II – Ed. Vozes, p. 657-659.*
[2] *A Renovação Espiritual Católica Carismática. Ed. Loyola – Col. Nova Pentecostes, n. 16.*

Eis as citações:

> "A Renovação Carismática trouxe uma grande contribuição ao insistir na importância da ação do Espírito Santo, 'Alma da Igreja', e ao mostrar sua multiforme ação santificadora e renovadora."
>
> "Mas na verdadeira Renovação espiritual, a Pessoa do Espírito Santo é que deve ocupar o primeiro lugar, e não os dons ou carismas que ele dá à Igreja."
>
> "Uma das falhas que a Renovação espiritual registrou em alguns lugares foi a de dar mais importância aos dons do que ao autor e fonte deles."
>
> "Alguns pensam equivocadamente que essa Renovação centraliza-se exclusivamente no Espírito Santo e minimiza a ação do Pai e de Jesus. Muito pelo contrário, o Espírito Santo é quem dá ao cristão o testemunho de Jesus (Jo 15,26) e quem o capacita para que seja testemunha de sua ressurreição."
>
> "Para compreender a Renovação espiritual carismática é preciso saber o que esse Espírito realizou nos primeiros tempos da Igreja."
>
> "Quem conhece a ação do Espírito Santo nos Apóstolos e na Igreja primitiva pode compreender melhor o que ele está realizando atualmente na Igreja e no mundo, e assim percebe que estamos vivendo o Novo Pentecostes pedido pelo Papa João XXIII."
>
> "O divino Espírito, Alma da Igreja, sempre agiu nela, mas sua ação manifesta-se de maneira mais intensa em determinadas épocas. A época atual é uma delas."

"O elemento distintivo dos primeiros cristãos foi a alegria pascal produzida neles pela experiência da presença e da ação do Espírito Santo nas pessoas e em suas vidas, uma graça hoje tão necessária para tantos cristãos, que apenas têm conceitos, mas que não tiveram 'o encontro pessoal', vivo, de olhos abertos e coração palpitante com Cristo ressuscitado, o grande objetivo proposto por São João Paulo II na Catedral de Santo Domingo (25-1-79)."

# ÍNDICE

Prefácio ................................................................................. 5

Católicos, carismáticos, certo ou errado? ........................... 7

Os frutos da Renovação Carismática ................................ 13

As duas faces da Renovação Carismática ......................... 21

O Espírito que nos foi dado .............................................. 27

Os dons e carismas que o Espírito suscita na Igreja ........ 35

Alguns padres se previnem contra a
Renovação Carismática ..................................................... 43

As observações do padre Caffarel .................................... 49

É imprescindível a assistência espiritual aos
Grupos Carismáticos .......................................................... 55